L'Abbé AUGUSTE LEMASSON

Ex-Aumônier titulaire de la Place de Metz

SAINT-BRIAC

Centre de la Correspondance des Princes

1794-1796

PUISAYE ⚜ BUSNEL ⚜ PRIGENT

LANCIEUX

CHEZ L'AUTEUR

—

1929

Prix : 5 Francs

SAINT-BRIAC

Centre de la Correspondance des Princes

I

Un embarquement difficile.

La côte qui s'étend de Dinard au cap Fréhel, toute découpée qu'elle apparaît, de hâvres profonds et de criques abritées, se prête merveilleusement, aussi bien aux embarquements furtifs qu'aux débarquements clandestins. Les anses de Lancieux et de Saint-Briac étaient à ce titre particulièrement chères aux agents de la correspondance des royalistes, dont la mission était d'entretenir la liaison entre les éléments insurgés bretons et les émigrés qui séjournaient à Jersey et en Angleterre. C'est ainsi qu'Armand de Chateaubriand, dans son *Journal des voyages* publié par *Eugène Herpin*, rapporte qu'avec son lougre il mouilla plusieurs fois par le travers de l'île Agot, et, de là, qu'il se faisait mettre à terre pour accomplir les périlleuses missions qu'il acceptait (1).

L'épisode, que nous allons narrer ici, eut pour héros le comte Joseph de Puisaye, personnage très discuté, qui s'intitulait lieutenant général pour le roi en Bretagne et prétendait au commandement de tous les insurgés de cette province, ainsi qu'à celui de la Normandie et du Bas-Maine. Nous avons puisé notre récit au tome second, p. 667 et sq., des curieux *Mémoires* que ce chef de parti publia à Londres en six gros volumes, en 1802 ; ils sont devenus très rares. On y trouve une apologie à peu près continuelle de sa conduite. Nous avons vérifié l'exactitude des faits qu'ils racontent avec les *Mémoires* de Dufour, de Saint-Coulomb, un de ses lieutenants, qui ont paru en 1906 dans la *Revue du pays d'Aleth*.

« Ce fut dans la première quinzaine du mois de septembre 1794, écrit le comte de Puisaye (2), que je m'acheminai, sous la conduite de *M. Prigent* et en compagnie du chevalier de

(1) Suivant Puisaye, au t. III, p. 351 de ses *Mémoires*, les principaux individus chargés à Jersey de la correspondance des princes, étaient MM. de Chateaubriand, de Gouyon de Vaurouault, Bertin, Dufour, Duval, Tarillon, Gouin, Macé de la Bouillie, Auguste Noël, Masson, (de Saint-Potan), Maiment, etc. (sic), dont la fidélité et le zèle étaient au-dessus de tout éloge.

(2) Dufour prétend qu'il s'agit plutôt de la seconde quinzaine d'octobre.

Busnel, qui retournait à Jersey, de *M. Pershais*, mon aide de camp, de mon fidèle *Laurent* et d'une dame bretonne dont je ne puis me refuser de faire connaître l'histoire, comme un exemple de l'énergie qui a été si remarquable chez la plupart de ses compatriotes.

« Cette dame est la comtesse Gouyon, femme d'esprit aussi admirable par son courage qu'elle est intéressante par sa situation (1).

« Tandis que son mari, émigré, servait la cause du roi sous les drapeaux du prince de Condé, elle lui faisait, dans l'intérieur, le sacrifice des restes de sa fortune aux périls de sa vie.

« Proscrite par la faiblesse d'un homme, qui s'était donné pour être un agent des princes français et qui n'avait pas su mourir en silence ; elle s'était échappée sous les habits de sa femme de chambre à travers les gardes qui remplirent en un instant sa maison et la foule qui l'entourait. Dans l'espoir de trouver un refuge dans l'une de ses maisons de campagne, à trois heures de là, elle y courut à pied. La même scène s'y passait qu'à celle de la ville. Tout y était bouleversé par les soldats. Elle se tira avec la même prudence d'esprit de ce nouveau danger, mais elle n'avait eu, ni la précaution, ni peut-être le temps de se pourvoir de quelque argent.

« Errante, proscrite, signalée à tous les postes et destituée de tout ; d'un état d'affluence où elle s'était encore vue la veille, environnée d'amis, six heures avaient suffi à la précipiter dans cette situation qui fait substituer les précautions de la prudence aux protestations de dévouement dont la plupart des hommes sont si prodigues quand ils sont assurés qu'on ne mettra pas leur sincérité à l'épreuve.

« Son courage ne l'abandonna pas. Seule elle pourvut à son salut, et bientôt les chaumières qui s'ouvraient au malheur, lorsque les portes du riche lui étaient fermées, lui fournirent des secours.

« Mme de Gouyon ne me connaissait pas de nom ; elle m'écrivit. Je chargeai des personnes sûres de la conduire à la division sur laquelle je me trouvais alors et je l'engageai à passer en Angleterre, avec l'assurance qu'elle y serait accueillie avec tous les égards dus à sa naissance, à ses malheurs et surtout à sa cause.

« Elle laissait derrière elle trois enfants orphelins, et elle avait tout à redouter, sinon pour leur vie, du moins pour leur éducation et pour leurs principes. Les promesses récentes que M. Prigent avait été autorisé à me faire pour tous

<hr>

(1) Nous n'osons croire qu'il s'agit de Louise-Aubine de Gouyon de Launay-Comats, en Ploubalay, comtesse de Beaufort, en Plerguer, car son mari, qui périt sur l'échafaud, n'avait pas émigré.

ceux qui seraient dans une position semblable et l'espoir que ses enfants la suivraient de près, achevèrent de me décider. Nous partîmes.

« M. Prigent connaissait tous les détours. Nous arrivâmes à la côte sans accident, après une marche fatigante ; obligés cependant quelquefois de passer sous les postes ennemis et de répondre en courant au « Qui vive ». Je ne revenais de ma surprise de la manière dont Mᵐᵉ de Gouyon supportait tout cela. Elle donnait à tous, en vérité, l'exemple du courage.

« Le bateau, qui devait venir chercher M. Prigent, avait abordé la veille pour mettre à terre quelques agents de la Correspondance qui étaient chargés de dépêches pour moi. On l'attendait le soir même au point convenu. Encore dix heures et nous allions mettre la mer entre la France et nous.

« Parmi ces agents, était un homme que je ne puis trop faire connaître. Duval, d'abord domestique, puis intime ami du marquis de la Roüairie. Confident de ses secrets, compagnon de ses travaux et de ses malheurs, il ne l'a quitté qu'après sa mort et qu'après avoir rendu à son corps les derniers devoirs.

« Depuis l'aventure de Cormatin, la grève était battue toutes les nuits par des patrouilles de 100 à 150 hommes, mais les guides qui conduisaient ces patrouilles étaient nos amis ; nous sûmes à point nommé le circuit qu'elles devaient faire et l'heure précise à laquelle la place où nous comptions nous embarquer, serait libre (1).

« Nous n'en étions pas à cent pas, lorsque nous entendîmes trois coups de fusil tirés entre la mer et nous. C'était Duval, qui, ayant avec quelques autres pris les devants pour aller faire le signal convenu au bateau de Jersey (qui avait tenu le large pendant tout le jour), était revenu seul nous faire part de son arrivée et avait été enveloppé par cinq traîneurs de la dernière patrouille, quoiqu'elle fût déjà loin. Il s'en débarrassa en en couchant deux par terre. Cet événement donna l'alarme. Toutes les patrouilles se réunirent et se portèrent précipitamment au lieu d'où venait le bruit. Le bateau s'éloigna avec ceux qui en avaient été assez près pour s'y jeter à la hâte, et, comme ce point de débarquement allait être infailliblement découvert, nous fûmes laissés sans pouvoir espérer qu'il revînt nous chercher.

« Tout ceci se passait entre Saint-Malo et la rivière de Rance (1). Le pays qui est renfermé dans cet espace, n'était

(1) Il s'agit du débarquement de Pierre-Marie Dezoteux, dit le baron de Cormartin, qui s'intitulait major général de M. de Puisaye.

(2) D'après les Mémoires de Dufour, l'un des principaux agents de la correspondance des Princes précités, les fugitifs devaient s'embarquer à Saint-Coulomb, non loin du manoir de la Motte aux Chauffs.

plus tenable. Les recherches allaient y être multipliées avec activité. Je me déterminai donc à traverser la Rance et aller chercher, sur quelque point de la côte plus éloigné, l'occasion que nous venions de manquer.

« Mᵐᵉ de Gouyon ne pouvait plus être de la partie ; ce n'était pas au-dessus de son courage, mais au-dessus de ses forces. Je la plaçai, habillée en servante de campagne, dans une ferme où elle n'avait aucun risque à courir sous ce déguisement, et je lui promis de lui envoyer un bateau aussitôt que je serais rendu à Jersey.

« Notre petite troupe s'était grossie de M. Dufour, compagnon intrépide de M. Prigent, de M. Ballé, l'un de ses agents, et de M. Gouin, qui, ayant été le guide de la patrouille, à laquelle cette fois il avait fait faire un détour plus qu'ordinaire, n'avait pas jugé prudent de s'exposer aux interrogatoires d'un tribunal révolutionnaire. M. Gouin a donné depuis ce moment, autant de preuves de fidélité que de zèle, dans le service de la *Correspondance des Princes*. M. Dufour devint plus tard un excellent chef de division dans l'armée.

« Nous étions sept en tout lorsque nous parvînmes aux bords de la Rance. Cette rivière, qui n'est qu'un faible ruisseau à cinq lieues de son embouchure, est, en cette partie, large d'une demi-lieue. La nuit était trop avancée pour que nous puissions songer à la remonter ; la marée basse avait mis toutes les embarcations à sec à plus de deux cents pieds de son lit. Nous en eûmes bientôt mis une à flot. La pointe du jour nous vit à l'autre bord et nous en passâmes le reste dans une maison voisine de la mer (2).

« Le vent fut contraire, depuis qu'une patache républicaine était mouillée presque sous les fenêtres d'une maison où nous nous introduisîmes, dans le dessein de l'enlever ; ce qui eût été facile de nuit, car elle n'était montée que par dix hommes. Deux jours encore, nous épiâmes là nuit et le vent, mais il changea trop tôt, le troisième jour et la patache disparut.

« Enfin, deux marins de cette côte qui s'étaient engagés à me suivre vinrent me dire qu'ils avaient découvert sur la grève un canot de 11 pieds de quille seulement, que sa vétusté avait fait croire hors de service et qu'on avait jugé inutile de saisir.

« De ce moment, l'espoir renait parmi nous. Toutes les mains sont employées à coudre ensemble les draps de nos lits pour en faire une voile. Une longue perche est convertie

(1) Toujours d'après Dufour, Puisaye et ses compagnons traversèrent au Port Saint-Jean, vis à vis du Montmarin. Il s'y trouvèrent des guides qui les conduisirent à Saint-Briac « où ils furent accueillis avec beaucoup d'aménité et de bienveillance ».

en mât ; après avoir pris des rames sur un vaisseau marchand dont le canot et l'équipage étaient à terre, nous nous embarquâmes dans ce frêle esquif au nombre de dix, et nous sortîmes de la rivière à travers les chaloupes canonnières et les pataches ennemies, dont un petit vent frais nous fit perdre la vue en moins d'un heure.

« C'était la première fois que je me trouvais sur la mer ; cet élément, qui ne m'a jamais ménagé depuis, même dans mes voyages au long cours, me fit faire, de son pouvoir sur moi, une épreuve qui me rendit incapable d'être de la moindre utilité.

« Notre canot faisait eau de toutes parts : quatre de mes compagnons furent employés à l'épuiser avec leurs chapeaux, quatre étaient aux rames et le neuvième à la barre. Bientôt la mer grossit, le vent s'élève, notre faible mât se brise et entraîne la voile ; personne ne savait trop où nous étions, lorsque le retour du jour nous découvrit la pointe des Minquiers, et nous abordâmes sains et saufs.

« Mes compagnons étaient horriblement fatigués ; les marins déclarèrent que le bateau était hors d'état d'achever notre course avec une telle charge. M. Prigent entreprit d'aller chercher un lougre à Jersey, lui troisième. Le danger était le même pour ceux qui restaient comme pour ceux qui partaient, car, s'ils eussent péri, un sort pareil nous attendait sur ce rocher stérile des Minquiers qui n'offrait aucun moyen de subsistance.

« M. Prigent s'embarqua et me ramena dans le jour un des bâtiments de mylord Balcarra, pour qui je dois consacrer ici le témoignage de la profonde reconnaissance que m'inspirèrent l'accueil, les offres empressées de service et les égards distingués que j'ai reçus de lui.

« A la pointe orientale de l'île de Jersey était stationnée une escadre de petits bâtiments de guerre aux ordres du capitaine d'Auvergne, prince de Bouillon. Je lui fis part de la situation dans laquelle j'avais laissé la comtesse de Gouyon. Il se chargea de l'envoyer chercher, et, effectivement, elle était rendue à Jersey presqu'aussitôt que je le fus à Londres (op. cit. page 619). »

Les détails que nous venons de reproduire semblent incroyables, mais ils sont confirmés par Dufour, qui écrit dans ses Mémoires, op. cit. : « Nous embarquâmes huit hommes dans un bateau de 16 pieds de long, armé de deux draps de lit pour voilure, trois mauvais avirons, un jeune pied de chêne pour mât et un petit paquet de cordages pour gréer nos voiles.

« A 11 heures du soir, le (jeudi) 23 octobre 1794, nous appareillâmes et sortîmes du port (de Saint-Briac) avec une petite brise du sud-ouest pour nous rendre à Jersey, à quinze lieues de distance ; mais, déjà éloignés de trois à quatre lieues de terre, la brise augmenta, la mer devint houleuse et notre frêle embarcation fit eau de toutes parts.

« Notre position devenait critique ; nous gouvernions avec un aviron, ayant l'étoile polaire pour boussole. Heureusement que le temps n'était point couvert. Chacun s'était placé sur le bord du bateau, qui ne présentait pas huit pouces au-dessus du niveau de la mer, et s'escrimait à qui mieux mieux pour jeter l'eau par-dessus bord à l'aide de nos chapeaux.

« Au bout d'une heure et demie, le calme survint, et, à 7 h. 1/2 du matin, nous apercevions les Minquiers (îles anglaises à cinq lieues de Jersey). Nous y arrivâmes un peu avant 10 heures. »

II

Les suites d'un débarquement à Saint-Briac
ou le Combat du Macheret, le 7 Décembre 1794

Nous venons de voir un embarquement passablement difficile et hasardeux ; nous allons raconter maintenant les suites d'un débarquement, qui furent encore plus mouvementées. Tout n'était pas rose, hélas, tant s'en faut dans le rude métier de correspondant des Princes !

« Un soir, écrit E. Herpin (utilisant les *Mémoires de Dufour* précités, aux pages 64 et 65 de son volume consacré à *Armand de Chateaubriand* (1), l'aventureux châtelain du *Val-Guildo*), un soir, par un ciel sans lune et une mer houleuse, un guetteur posté sur la falaise apercevait un navire louvoyant avec précaution non loin de la côte. Ce guetteur agitait une lanterne sourde ; on brûlait des amorces, le navire répondait par un jeu de voiles, une disposition de feux ou tout autre signe conventionnel.

« Du mystérieux navire se détachait une yole rapide, montée par d'habiles rameurs. Arrivés sur la rive, ceux-ci, en hâte, déposaient souvent des *armes* ou des *munitions* dans quelque crique de la grève.

« Durant ce temps, le guetteur était monté au village. Bientôt, à certaines portes se chuchotait cette phrase caractéristique : « Le courrier céleste est arrivé. »

« Des femmes portant dans leurs bras des enfants endormis,

(1) Un vol. in-8° écu, Paris, Perrin, 1910.

de vieux prêtres cassés par l'âge, des jeunes filles apeurées, des hommes armés jusqu'aux dents, dévalaient le long des falaises.

« Quelle cruelle déception si le navire allait être parti sans les attendre.

« Le danger, d'ailleurs, pouvait se dresser à chaque minute sous forme d'une patrouille de soldats ou d'une ronde de douaniers. Alors, le sang coulait...

« Un autre danger, celui-là inévitable, était l'embarquement dans la yole, par une nuit obscure et une mer agitée, sur un des points les plus difficiles de la côte. Aussi les noyades, lors de ces opérations, étaient-elles fort nombreuses. »

Depuis octobre 1794, *Saint-Briac*, nous l'avons vu, avait été choisi par le duc de Bouillon comme centre de la très active correspondance que les royalistes, séjournant à Jersey, entretenaient avec la Bretagne. De ce fait, qui fut bientôt connu, une surveillance très étroite s'exerça sur ses côtes (1). Des détachements de soldats y patrouillèrent à toute heure et il fallait posséder une extraordinaire audace pour se risquer encore à vouloir pénétrer par cette voie dans l'intérieur des terres.

Il est vrai que les doctrines révolutionnaires n'avaient jamais trouvé beaucoup d'adeptes dans cette localité et que la minorité de « patriotes » (2) qui terrorisait cette paroisse, s'imposait par la force ; mais on détestait au fond le régime qui n'avait adopté la devise de Liberté et d'Egalité que pour enchaîner celles-ci davantage. Aussi, les chouans et les royalistes trouvaient-ils à Saint-Briac des complicités bienveillantes qui leur facilitaient singulièrement leurs opérations. Nous allons en avoir la preuve dans l'épisode que nous allons raconter tout à l'heure d'après les diverses versions que nous en avons pu retrouver et qui se complètent les unes les autres.

(1) Cette surveillance s'exerçait non seulement à Saint-Briac, mais aussi sur la commune de Lancieux, sa voisine, ainsi que le prouve l'ordre ci-dessous, daté du 7 Septembre : « Les Républicains *La Boixière* et *Moncoq*, membres de la municipalité et comité révolutionnaire de Dinan, en vertu des ordres dont ils sont chargés, invitent la municipalité de Ploubalay de faire monter la garde dans sa commune et sur les costes de la commune de « Lansieu ». à laquelle ils sont réunis, et les rendent responsables des événements, qui pouroint estre causés par leur négligence et ce, jusqu'à nouvel ordre. A Probalay (sic). le 21 fructidor, 12e de la République, une et indivisible. » (7 septembre 1794).

Signé : MONCOQ, LA BOIXIÈRE.
(Anciennes Archives municipales de Ploubalay).

(2) Le qualificatif de « patriotes » inventé par les Sociétés de Pensée, que s'attribuaient les Jacobins à cette époque, n'avait nullement la signification que nous lui donnons à l'heure actuelle.

A) RÉCIT D'APRÈS DUFOUR DE L'AFFAIRE DU MACHERET

Le 7 décembre 1794 (17 brumaire an III), lisons-nous dans leur registre de correspondance, les Administrateurs du district de Saint-Malo avisaient le Comité de sûreté générale que « le général de division Rey (1), parcourant les côtes de « Port-Briac, y avait fait, ce jour même, rencontre d'émigrés, « que le combat s'était engagé et qu'un des siens avait été tué « et deux autres blessés, bien que l'on n'avait pu arrêter per- « sonne ; mais, on ajoutait cependant, que l'on avait décou- « vert 40 à 50 barils de poudre et de 4 à 500.000 livres de « faux assignats avec leur planche à tirer, et que ces diverses « découvertes avaient été faites dans la maison même où les « émigrés s'étaient réfugiés. »

Les autorités révolutionnaires, dans leur relation, ne se montrent pas prolixes de détails, ainsi qu'il leur arrive toutes les fois que leurs troupes ont fait preuve d'incapacité ou de manque d'énergie. Le vénérable chanoine Manet, un contem- porain des événements de la Révolution, raconte, dans ses *Grandes Recherches*, à peu près la même chose dans les mê- mes termes. Nous sommes tenté de croire que, pour rapporter cette échauffourée, il s'est tout simplement contenté de trans- crire le registre que nous venons nous-même d'utiliser.

Grâce au récit du colonel Dufour de Saint-Coulomb, dont la relation a paru en 1906 dans la *Revue du pays d'Aleth*, 3ᵉ année, p. 53 et sq., nous sommes un peu mieux renseigné sur cette épisode intéressant pour la chronique briachine.

« Pour moi, écrit Dufour, je restai quinze à vingt jours à Jersey et j'en repartis pour transporter à Saint-Briac des munitions de guerre aux divisions qui s'organisaient sur la côte du département des Côtes-du-Nord. Je fis encore deux autres voyages de Saint-Briac à Jersey et réciproquement, pour introduire des munitions en Bretagne, sans être trop troublé ; mais le troisième et dernier ne fut pas heureux.

« J'étais chargé de poudre, de fusils et autres objets de guerre pour la division [des chouans] d'Ille-et-Vilaine. Le débarquement se fit [le dimanche 7 décembre 1794] vers les deux heures du matin et le déchargement déposé à la maison de correspondance [vraisemblablement au village de Mache- ret non loin du Tertre-Giraud], où chaque chef de canton faisait prendre armes et munitions pour les distribuer à ses troupes. Vingt-neuf barils de poudre destinée à la division de

(1) Sur le chevalier Antoine-Gabriel-Venance Rey, né à Milhau en 1768, décédé en 1836, cf. le supplément à la *Biographie universelle de Michaud*, t. 79, p. 17-18. Il fut décoré de la Croix de Saint-Louis par Louis XVIII en 1814. Ce soudard l'avait bien gagnée.

Boishardy ne furent pas expédiés, faute d'hommes [et furent perdus] (1).

« Nous étions restés trois hommes armés à la maison de correspondance : MM. Dezoteux [dit le] baron de Cormatin, [qui s'intitulait] major général de l'armée royale en Bretagne et commandant en chef en l'absence de M. le comte de Puisaye ; le chevalier de Busnel, [colonel adjudant général à l'armée de Rennes et de Fougères], et moi. Se trouvaient avec nous le vicaire de la paroisse [de Saint-Briac], M. [François-Joseph] Artur, et la veuve Briand, [née Françoise Noël]. la maîtresse de la maison, avec sa jeune fille, en tout six personnes (2).

« Environ les quatre heures du matin, nous nous disposions à manger, lorsque nous entendîmes autour de la maison des pas précipités. La porte du midi est forcée à l'instant et un soldat fait feu sur le chevalier de Busnel qui se séchait au feu. Celui-ci riposte et tue le soldat presque à bout portant. J'étais masqué par le coin d'un lit-clos de campagne et j'allais tirer dans la même direction que le chevalier, lorsque la porte du nord est à son tour forcée et trois ou quatre coups de feu me sont adressés. Je riposte et un soldat tombe près des vingt-neuf barils de poudre.

« L'appartement était petit [et] n'avait pas plus de cinquante mètres carrés. [C'était une cuisine de campagne qui n'a pas changé depuis.] Il était éclairé par deux lumières placées sur une table où le général [Cormatin] écrivait avant la visite que l'on nous faisait. Un feu clair au foyer, entretenu avec du genêt et de la fougère, aurait encore facilité la vue si la clarté n'avait été obscurcie par la fumée des nombreux coups de fusil tirés dans tous les sens. La plus grande confusion régnait dans l'appartement par l'encombrement de la troupe. Je ne vois plus et ne sais plus ce que deviennent mes camarades. Ma résolution est prise. Je me précipite vers la porte du midi où je remarque du désordre parmi les soldats. J'en tue un d'un coup de pistolet. Je me fraye un passage et je parviens dans la cour sans être blessé. Une sentinelle veut me barrer la route ; je la tue, saute le fossé avec la légèreté d'un cerf et cours aussi longtemps que mes forces me le permettent. Hors d'haleine, je m'arrête et je m'aperçois que je ne suis pas suivi. J'entends des voix qui crient : « Tue, tue,

(1) Nous imprimons entre [ ] nos additions au texte de Dufour.
(2) Cf. sur l'abbé Artur, cancalais d'origine. cf. le t 1er p 416, de notre Histoire du pays de Dinan. — Sur Dezoteux-Cormatin : Welschinger : Aventures de guerre et d'amour du baron de Cormartin, Paris, in-16, 1910. — Amador-Felix Annibal de Busnel 1771-1858. cf. Bio-bibliographie de Kerviller, t. VIIe. p. 173.

arrête, arrête ! » Je pensais bien que mes pauvres camarades avaient succombé.

« Où diriger mes pas, maintenant ? J'étais armé d'un bon fusil double et d'une paire de pistolets. Il me restait encore vingt cartouches et ma poire à poudre pleine. Mes armes étaient chargées ; trente francs en argent dans mes poches et quatre-cinq cinquante francs en assignat, [qui perdaient alors 63 pour 100 de leur valeur et non pas « 10 à 12 pour 100 », comme l'écrit Dufour]. Mais j'avais perdu mon portefeuille contenant dix à douze mille francs de ce papier monnaie ; c'était une grande perte. [Environ 3.000 francs.]

« Je résolus, tournant le dos à la mer, de regagner la route de Saint-Malo à Brest [de Dinard à Plancoët] pour me diriger vers le bois de la Hunaudaye, occupé par la division de Bois-hardy [qui commandait alors les troupes des chouans des Côtes-du-Nord].

« La nuit était profonde, mais, au bout d'une heure, le jour commença à poindre et je cheminais depuis quelques instants sur la grand'route lorsque j'aperçus deux femmes. Mon aspect, tout d'abord, les avait épouvantées : crotté jusqu'aux épaules, un fusil à la main, sans chapeau et la tête enveloppée d'un châle anglais, j'avais toute l'apparence d'un malfaiteur.

« Je leur racontai l'affaire que je venais d'avoir avec les bleus au bourg de Saint-Briac et la mort probable de mes infortunés compagnons, ainsi que du vicaire et des deux femmes. Elles parurent prendre intérêt à mon récit et l'une d'elles, me montrant une maison un peu écartée, me dit qu'il fallait m'y rendre, que j'y serais bien accueilli. Elles-mêmes prirent les devants pour m'y annoncer.

« En effet, j'y fus reçu à bras ouverts. On m'y entoura de la plus affectueuse sollicitude et on voulait me préparer un lit pour un repos dont j'avais grand besoin ; mais, dans leur intérêt, je refusai et voulus m'éloigner. Une des jeunes filles me conduisit alors dans un taillis voisin où je pus demeurer en sûreté. J'y restai la journée entière et, le soir, nous étions réunis, le général Cormatin. le vicaire [de Saint-Briac] et moi, dans une maison où nous soupâmes ensemble (1).

« J'appris de ces Messieurs que le chevalier de Busnel avait été blessé assez dangereusement, mais qu'il avait été sauvé par des femmes du bourg de Saint-Briac. » D'après la Bio-graphie bretonne de Levot, à l'article Collas de la Baronnais, « M. de Busnel, à la faveur des ténèbres, s'était traîné dans

(1) Nous ne serions nullement surpris que ce fut au Bois-Ménard, demeurance du capitaine chouan André Le Saichère, de Pleurtuit, au-quel J. Bazouge a consacré les p. 121 à 132 de l'*Annuaire Malouin et Di-nannais*, qu'il publia en 1854.

une douve où il resta près de vingt-quatre heures dans la neige. Une pauvre femme, l'ayant trouvé presque expirant, le chargea sur ses épaules et le porta chez elle au bourg de Saint-Briac, où elle le soigna de son mieux. Informé de sa situation, M. de la Baronnais, de Dinard, secondé par ses frères et M. de la Reignerais, enleva M. de Busnel de la maison qui lui servait d'asile, ce qui était d'autant plus difficile que cette demeure était contiguë à un corps de garde établi par les républicains. » La mère Briand avait été également sauvée, ainsi que sa fille. Nous verrons leur sort un peu plus loin.

« Neuf soldats républicains, assure Dufour, étaient restés sur le champ de batailles. Cinq ont été enterrés, dit-il, dans le cimetière de Saint-Briac et quatre, qui n'étaient que blessés, sont morts lorsqu'on les portait à Saint-Malo. Ils furent inhumés à Saint-Enogat.

« Enfin, quelques jours plus tard, ajoute le même narrateur, j'appris que nous avions été attaqués et surpris par un détachement composé de cinquante hommes, grenadiers et canoniers, faisant partie de la garnison de Saint-Briac. Cet événement, aussi extraordinaire que surprenant, ne peut s'expliquer que par une parfaite ineptie du commandant, à moins encore qu'il n'ait été ivre, car nous ne devions pas en échapper un seul. »

B) Autre version de l'affaire du Macheret d'après le général Rey

Dufour se trompait quand il attribuait l'insuccès des soldats républicains à l'« ineptie » d'un simple capitaine. Celui qui commandait en l'occurrence, était, nous l'avons déjà vu, le général de division Rey en personne, et la découverte de la maison de correspondance où les chouans se reposaient, était le fruit de coïncidences malheureuses, en même temps que d'un acte de lâcheté doublé d'une abominable trahison. Nous allons donc raconter l'affaire sous ses diverses faces d'après deux relations : l'une émanant du général Rey, dont Mlles Guéniot ont eu l'obligeance de prendre copie pour nous aux *Archives du Ministère de la Guerre*. Nous la reproduirons intégralement. L'autre, plus détaillée, nous a été communiquée par M. l'abbé Arsène Leray, ancien recteur de Moutiers, qui l'a transcrite aux *Archives d'Ille-et-Vilaine*. Malheureusement, sa narration, si intéressante soit-elle, ne reproduit pas textuellement le document original. Nous avons vainement cherché celui-ci au dépôt précité, où sa présence nous avait été affirmée par M. le chanoine Desrée, ancien doyen de Saint-

Servan, qui l'a eu lui-même sous les yeux dans la salle de travail.

Voici tout d'abord la relation du général Rey (1), adressée de Saint-Malo le 16 décembre 1794 au citoyen Pillé, membre de la Commission de l'organisation des armées de terre de la République Française :

« Je viens de faire une découverte, dans la division que je commande, qui déconcerte un peu les grands projets de nos ennemis intérieurs et extérieurs.

« Il existait dans une commune, située sur un petit port appelé *Port-Bria* (sic), un point de ralliement pour ceux qui, dans de petits débarquements, arrivaient des îles de Jersey et Guernesey. Ils trouvaient un asile et des chefs leur donnaient des renseignements pour se joindre aux chouans ; la correspondance partait de cet endroit et y arrivait ; enfin, c'était un vrai foyer de contre-révolution. Je suis parvenu à connaître les endroits où s'effectuaient les débarquements. Aussitôt, j'ai fait cerner les maisons et les ai fait fouiller. A la faveur de l'obscurité de la nuit, les scélérats s'étaient échappés, mais avec tant de précipitation que nous avons saisi toute leur correspondance, leurs assignats faux, qui leur sont envoyés également de Jersey. Sans m'arrêter, j'ai parcouru diverses communes, et, dans celle de Kèvre (2), j'ai rencontré le nommé *Gilles le Lièvre*, connu pour un des plus audacieux chouans ; après avoir inutilement tiré plusieurs coups, il est accouru comme pour se rendre, mais il me réservait un pistolet qui n'a pas eu le succès qu'il désirait, car un grenadier qui a remarqué son geste a jeté son fusil et l'a saisi dans ses bras ; il serait resté vivant en nos mains sans un caporal qui, le croyant encore dangereux, lui a porté le coup mortel.

« J'ai trouvé sur lui quelques papiers de correspondance et 418.000 livres en assignats faux. Tous les papiers de correspondance ont été remis au représentant du peuple Boursault.

(1) Nous lisons dans Chassin : *Les Pacifications de l'Ouest*, t. 1ᵉʳ, p. 56-57, *contre-chouans* : « Le 13 décembre 1794. le général Rey, d'après les indications fournies par un *prêtre réfractaire*, se mettait à la tête d'un détachement de grenadiers *revêtus du costume chouan*. — Avant lui Savary écrivait au t. IV. p. 305 de son ouvrage, *Guerre des Vendéens et des Chouans* : « J'appris (c'est le repésentant Bollet qui parle) que le général Rey, étant parti de Saint-Malo avec 150 hommes du bataillon de l'Ain, tous déguisés en chouans, avait parcouru toutes les communes des environs de Dinan ». — Même volume p. 103. Boursault écrit : « Rey faisait déguiser ses hommes en chouans, ou en paysans ; 400 braves grenadiers comme lui, et lui, à la tête de ses braves, déguisant ses opinions, se disant nouveau débarqué, ayait déjà parcouru cinq à six communes. » — Beaucoup des excès attribués aux chouans sont en réalité l'œuvre de ces individus. Les faux-chouans ne sont pas un mythe, tant s'en faut.

(2) Quévert, près Dinan.

« Je fais des patrouilles et des courses continuelles sur la
côte. Je vais y établir des postes comme j'ai fait à la gauche
de Port-Malo. J'espère, à force de surveillance et de soins,
déconcerter tous les projets de nos ennemis et garantir la
côte des invasions et des débarquements.

« Les soldats se conduisent en républicains ; ils feront ché-
rir les défenseurs de la liberté. »   Signé : REY.

Ce récit du général ne satisfait qu'à moitié notre curiosité.
Il oublie de nous indiquer en effet les moyens mis en œuvre
pour parvenir à ses fins. Ils n'avaient du reste rien de particulièrement honorables, qu'on lise plutôt.

Un prêtre rennais, *Paul Maignan*, recteur de la Mézière-
sous-Hédé, après s'être exilé comme insermenté à Jersey en
septembre 1792, en revint vers la fin du mois de novembre
1794. De Saint-Briac où il débarqua, il voulut gagner sa paroisse. Il y fut arrêté dès son arrivée, ou même vraisemblable-
ment en cours de route, et trouvé chargé d'assignats, écrit
Mgr de la Marche (1). Emprisonné à Rennes et menacé de
perdre la tête, ce malheureux eut la lâcheté de dévoiler aux
autorités rennaises ce qu'il pouvait connaître des secrets de
la correspondance entre Jersey et la côte bretonne. Bien plus,
il poussa l'odieux jusqu'à consentir à désigner aux révolutionnaires le lieu précis de son débarquement et la maison où il
avait trouvé asile à son arrivée (2).

Accompagné du général de division, l'ex-noble Gabriel-
Venance Rey, de Xavier Bossart, son aide de camp, d'André
Valleray, l'homme accoutumé à la chasse aux prêtres et aux
émigrés (3), le recteur Paul Maignan vint donc à Dinard. *Dé-*

(1) Dans une lettre adressée par Boursault à la Convention le 1er décembre 1794, celui-ci lui apprenait l'arrestation de ce prêtre 5 jours
auparavant et la saisie de 25.497 livres de faux assignats (*Moniteur*
réimpression, t. XXII, p. 682).

(2) Cretineau-Joly, écrit au t. III. p. 237 de la *Vendée militaire*, édition
Drochon : « La faiblesse de l'abbé Maignin, recteur de la Mézière,
« amena cette surprise. Pour sauver ses jours, il *vendit* les secrets dont
« il était à la fois le confident et le « porteur ». — Avant lui, Muret
« consignait au t. III, p. 362 de son *Hist. des Guerres de l'Ouest* : « Le
« recteur de la Mézière débarqua sans obstacle, mais, en route, s'étant
« écarté de ses guides il fut pris. Devant les généraux républicains ce
« vieillard perdit la tête. Il déclara tout ce qu'il savait ; les stations
« échelonnées pour la correspondance furent connues, plusieurs officiers
« furent surpris et massacrés, entre autres MM. d'Oléron, La Palme et
« d'Argentières ». Voilà les résultats de la lâcheté d'un individu. que
le chanoine Guillotin de Corson nous dépeint, trepassé en 1820. lais-
sant une mémoire vénérée !

(3. Sur Valleray, originaire de Châteaugiron, consulter dans notre
volume. Les Actes des prêtres insermentés de l'Archidiocèse de Rennes,

guisé en chouan, ainsi que ses acolytes, tous les quatre montèrent dans un canot et, toute la journée du 5 décembre, ils explorèrent la côte, Maignan cherchant, mais vainement, à reconnaître le lieu de son débarquement. Nous laissons maintenant la plume à M. l'abbé Leray :

« Le lendemain, nouvelles investigations, toutes aussi inutiles que celles de la veille, quand enfin, le soir à la hauteur de Port-Briac, Maignan s'écria : « C'est ici. » — « Mais la maison où vous reçûtes le gîte ? » fit le général. On n'en apercevait point (1).

« A la nuit tombante, heureuse rencontre : Valleray, dans cet endroit absolument désert, trouva un jeune homme auquel, se disant chef de chouans, il demanda « si parfois, aux environs, n'abordaient pas des émigrés ? » — « Si, Monsieur, répondit l'interpellé, et dernièrement encore, tel que je vous l'affirme, sont descendus sept ou huit de vos pareils ; braves gens, d'ailleurs, que j'ai conduits avec leurs ballots et leurs armes à Dinard, chez les demoiselles Lemoigne (2) dont l'une est ancienne religieuse, excellentes filles aussi, qui toujours ont plaisir à recevoir ces individus. »

« Joyeux, Valleray se rendit à Port-Malo pour y prendre quelques troupes, en revient bientôt par Dinard et entre inattendu dans un logis où rôtissaient oies, canards et autres victuailles, pour héberger comme il convient les représentants de Louis XVIII. « Parfait, dit-il, je vois que vous êtes de mes amis. Ne pourrais-je pas m'aboucher avec un de ces Messieurs et leur confier une affaire importante ? » — « Ces Messieurs logent à côté, chez Fanchon Lemoine. » — « Entendu, je les y rejoins. »

« Et, sortant précipitamment, il crie à son escouade dissimulée derrière un bosquet : « Soldats, en avant ! baïonnette au canon ! » Contre la demeure des Lemoine est organisé un siège en règle. De l'intérieur, sept ou huit hommes, sous la direction du chevalier de Busnel, se battent désespérément, blessent quatre grenadiers, passent sur le corps d'une sentinelle et prennent la fuite, abandonnant 29 barils de poudre, 98.000 livres d'assignats, 40 pièces d'or de 25 livres et 34 écus de 6 livres. »

Ignorant l'art amusant de broder des histoires et bornant notre ambition à faire revivre, d'une façon aussi véridique

in-8, Rennes, 1927, les arrestations des prêtres Le Maréchal, p. 155 et Robert et Leroux. p. 168.

(1) Ce devait être aux environs de la Garde-Guérin, alors absolument déserts.

(2) Les demoiselles Lemoyne, croyons-nous, habitaient Saint-Lunaire et non pas Dinard, mais Fanchon Lemoine résidait à Macheret.

que possible, des faits qui déjà s'estompent dans un lointain passé, nous n'ajouterons rien aux trois relations que nous venons de reproduire du drame du Macheret.

Toutes les machinations du général Rey, ex-noble et ex-étudiant ecclésiastique, n'aboutirent donc, en somme, pas à grand'chose. Il laissa échapper un gibier de choix comme Dezoteux-Cormatin, et dut se rabattre sur l'hôtesse de celui-ci, la malheureuse veuve Briand. Celle-ci fut en effet mise en arrestation, dès le matin même qui suivit la nuit mouvementée que nous venons de décrire, ainsi qu'en fait foi le registre d'écrou de la prison de Saint-Malo, conservé aux archives de cette ville. Nous y voyons que, le 7 décembre 1794, « Françoise « Briand, se disant présentement Françoise Noël (c'était ef- « fectivement une veuve Briand), âgée de 66 ans, née et do- « miciliée de Port-Briac, fille de Malo et de Marie Gavard, « fut ce jour, par ordre de l'État-Major, emprisonnée comme « prévenue de recevoir chez elle les ennemis de la liberté « et de prêter sa maison pour leur servir d'entrepôt. »

Treize jours plus tard, le 20 décembre 1794, Françoise Lemoine, veuve d'Yves Paden, de Port-Briac, fille de Julien et de Françoise Guyomard, âgée de 48 ans, était à son tour incarcérée à Saint-Malo, par ordre du Comité de surveillance de cette ville, « sous l'inculpation d'avoir recelé des brigands et des barils de poudre ».

Le lendemain, lisons-nous sur le registre de l'administration du district de Saint-Malo, conservé aux archives de cette ville, les citoyens Thomas aîné, Regnault, Jules Marie, Cousin, Houitte, Bourdet et Renoult, membres du Directoire, étant réunis au lieu ordinaire de leurs délibérations, l'un d'eux fit remarquer que « Françoise Noël (sic), veuve Paden, et Fran- « çoise Briand, fille Françoise Noël (sic) ont été arrêtées dans « la commune de Port-Briac comme prévenues d'avoir reçu « chez elles des émigrés ou brigands, ainsi que des munitions « de guerre et des faux assignats. Qu'amenées ici, le Comité « de surveillance de cette commune les fit détenir dans la « prison n° 44, où elles doivent être détenues séparément. « Que, d'après la loi, il faut que ces deux femmes soient in- « terrogées, et qu'en conséquence, il demande qu'il soit nom- « mé un commissaire pour recevoir leurs interrogatoires ».

Sur quoi délibéré, on décida de procéder aux interrogatoires des nommées Françoise Lemoine (sic), veuve Paden, et de Françoise Briand, fille de Françoise Noël (sic), pour en rendre compte au Comité de sûreté générale. Le citoyen Jean-Joseph-Thomas Houitte fut désigné comme commissaire interrogateur. Il est fâcheux pour nous de n'avoir pas retrouvé les réponses de ces deux braves personnes, qui doivent être enfouies aux *Archives nationales*, parmi les nombreux papiers provenant du Comité de sûreté générale.

Tout ce que nous savons à leur sujet c'est que Marie Lemoine fut transférée, le 28 mai 1795, de la prison de Saint-Malo à celle de Solidor. Quant à la veuve Briand, son registre d'écrou nous apprend qu'elle fut rendue à la liberté le 10 juin de cette même année.

Or, ladite Briand (née Françoise Noël), lors de son arrestation, possédait un veau, et la présence de ce pacifique animal dans son étable mérite d'être signalée. Elle motiva, d'une part, en effet, la réunion du bureau municipal de Saint-Briac, assisté de son conseil général, afin d'unir leurs lumières sur ce qu'il convenait de faire de cet intéressant ruminant ; mais, d'autre part, elle nous a permis de situer son gîte et, par là même, la demeure de sa maîtresse. L'un et l'autre habitaient sur le versant sud du tertre Girod les maisons de Macheret, et c'est là qu'eut lieu l'échauffourée que nous venons de narrer, laquelle fut si funeste aux soldats de la République jacobine.

Du veau, nous n'en dirons pas davantage, sinon qu'il fut décidé, sauf l'approbation du district, de l'adjuger au plus offrant, au profit des finances nationales, toujours à sec, alors comme maintenant.

Le 18 mai 1795, les municipaux de Saint-Briac s'occupèrent à nouveau des biens de ladite Françoise Noël, toujours détenue à Saint-Malo. Ils décidèrent « de faire labourer et « ensemencer en blé noir les clos et vergers de cette per- « sonne, situés devant sa maison, en prenant note des frais « et dépenses qu'il en coûtera et de prendre le blé noir pour « la semence chez ladite Françoise Noël. »

Un autre individu, dont l'affaire de Macheret entraîna l'ar- restation, ce fut le boulanger Etienne Noël, lequel put expé- rimenter tout à son aise combien l'intempérance de langage est redoutable aux époques de révolution et vérifier la vérité du proverbe : « Trop parler nuit, trop gratter cuit. » Nous puiserons nos renseignements sur sa personne dans le re- gistre de l'administration du district de Saint-Malo, à la date du 21 frimaire an III (11 décembre 1794) : « Vers les 4 heures « de relevée, lisons-nous sur ce document, est entré au Direc- « toire le citoyen Jean Nobilet, officier municipal de Port- « Briac, avec un piquet de gardes nationaux, accompagnant « le nommé Etienne Noël, père, arrêté comme prévenu d'a- « voir tenu des propos contre-révolutionnaires. »

« Le citoyen Nobilet a déposé sur le bureau procès-verbal des propos et de l'arrestation, dont la teneur suit : « [Le mer- credi 10 décembre] 20 frimaire an III, le citoyen Jean Tribouclet nous a déclaré que le citoyen Etienne Noël, père, domicilié de notre commune, dit en sa présence et celle de sa femme et enfants, qu'il venait chercher du cidre en plusieurs endroits ; *que c'était pour recevoir des émigrés qui devaient être ici sous huit jours* et qu'il les enverrait où était le bon, et que Etienne Noël a tenu ce propos le 25 vendémiaire précédent (16 octobre 1794) en prenant du cidre chez ledit Tribouclet, cabaretier, pour boire chez lui. Cette déclaration a été faite en présence des citoyens [Joseph Gefflos], agent national, Nobilet, officier municipal, Legoux, Carpentier et Bouchard. Ledit Tribouclet a dit ne savoir signer. » Au-dessous est écrit : « Ledit Jean Nobilet, officier municipal, conduira Etienne Noël à Port-Malo avec une escorte suffisante et à ses frais. Fait à la maison commune de Port-Briac le [11 décembre 1794] 21 frimaire an III. » Signé : J. GEFFLOS, agent national ; DARET, secrétaire.

« Sur quoi délibéré, le Directoire du district de Saint-Malo décida immédiatement de constituer Etienne Noël en état d'arrestation et d'adresser copie de la pièce ci-dessus au directeur du jury d'accusation. » En conséquence « Etienne Noël, four-
« nier, domicilié de Port-Briac, fils de Jean et de Jeanne
« Buard, natif de Plorec, district de Dinan, accusé d'intelli-
« gences et de complicité avec les émigrés, fut incarcéré le
« vendredi 12 décembre 1794 à la prison de Saint-Malo, en
« vertu de mandat d'arrêt signé Pierre Ducognet, juge au
« tribunal du district. Il en sortit onze jours plus tard, le
« 23 décembre 1794, pour être transféré aux prisons de
« Rennes. »

Quant au citoyen Nobilet ainsi qu'à l'escorte de gardes nationaux qui avaient conduit à Saint-Malo le malheureux Etienne Noël, ils n'oublièrent pas de se faire payer des frais de déplacement : « Vu la requête du citoyen Nobilet, de Port-
« Briac, du paiement dû aux gardes nationaux qui ont arrêté
« et conduit au district le nommé Etienne Noël et des frais
« extraordinaires que cette arrestation a occasionnés pendant
« deux jours et une nuit », le district de Saint-Malo ordonne qu'il soit payé auxdits Louis de Kermabon, Joseph Hamon, Pierre Hily, Jean Tribouclet et Jean Nobilet, une somme de trois livres chacun, plus dix livres pour frais de passage, soit 25 livres au total.

Du reste, une des branches de la famille Noël, de Saint-Briac, demeura toute la Révolution, dévouée corps et âme à la cause du Trône et de l'Autel. Le 20 mai 1805, Marie Noël recevait encore à son domicile du Macheret onze ecclésiastiques, débarqués dans la nuit, revenant d'Angleterre et que des agents de la douane, qui les avaient suivis à la trace, vinrent y arrêter. (*Arch. Nat.* F7, 7872, dossier 739.)

Nous verrons à l'œuvre dans le prochain chapitre le nommé François Noël, l'un des compagnons de Prigent, dans son rude service de courrier des Princes. Une note du 12 janvier 1796 du citoyen Denoual du Plessis, commissaire du Directoire exécutif à Dinan, nous apprend qu'un autre de ses frères, appelé « Jean, dit *Auguste*, de Saint-Briac, était chargé du « service de la correspondance des princes depuis Lancieux « jusqu'à Saint-Brieuc. Ce Noël, rapporte-t-il, a abordé der- « nièrement à Erquy. Il s'est abouché avec Charles Bettaux, « recteur de Saint-Jacut et commissaire des princes. Il a passé « trois jours au bourg de Languenan, chez la Rouaude, nièce « du recteur de Saint-Méloir (l'abbé Hubert). Il doit, dit-on, « l'épouser. Il est reparti dans la nuit du 26 décembre. » (*Arch. Côtes-du-Nord*, série L.)

Le général Michaud écrivait du même au mois de prairial an III (mai-juin 1798) : « Noël, de Saint-Briac, est le chef « de la correspondance intime du duc de Bouillon, comman- « dant à Jersey. Il était connu sous le nom d'*Auguste*. Il vient « de prendre récemment celui de *François Durand*.

« Il paraît certain que Botherel, ci-devant procureur-syndic « des États de Bretagne, est venu en France de Jersey et a « débarqué dans la nuit du 11 ventôse dernier (1er mars) près « Saint-Jacut. Il y a séjourné environ un mois. Il est retourné « en Angleterre. Noël a débarqué dans la baye de Saint-Cast « douze sacs de louis d'or, qui ont dû être portés vers Laval « pour organiser des bandes destinées à attaquer les malles, « les diligences et les ordonnances des troupes républicaines. » (*Arch. Ille-et-Vilaine*, série L.)

Nous lisons même dans une étude de M. de Calan intitulée *Les derniers émigés d'après la police impériale*, parue en 1925 dans les *Mémoires de l'Association bretonne*, que ce Jean Noël, trop compromis, ne put profiter de l'amnistie de 1802 et demeura à Jersey toute la durée de l'Empire.

III

La capture à Saint-Briac, le 31 décembre 1794 de Noël Prigent, le courrier des Princes et ses résultats

L'affaire du Macheret ne fut pas sans importance pour la cause royaliste. En privant « la correspondance des princes » des personnes dévouées chez qui ses affidés trouvaient à leur débarquement un gîte assuré, elle multipliait les périls de ses courriers et des individus qu'ils convoyaient.

Or, à cette date, les émigrés préparaient l'expédition qui devait finir si lamentablement à Quiberon. Si bien que le fameux François-Noël Prigent, autrefois boutiquier à Saint-Malo, où il était né le 18 août 1767, mais alors principal agent de la correspondance des princes français avec la Vendée et la Bretagne, avait reçu la mission de passer pour la cent quarantième fois dans cette province. Il devait communiquer avec le Comité royaliste et s'informer où et quand il conviendrait de diriger vers les côtes bretonnes les forces réunies à Jersey. François Noël, frère de la veuve Briand, et Michel Briand, fils de cette dernière, ses compagnons habituels, l'accompagnaient dans cette expédition.

Mais les derniers événements avaient déterminé à Saint-Briac un redoublement de surveillance. Le détachement du bataillon de l'Ain cantonné dans cette localité multipliait ses patrouilles nocturnes, aidé dans sa tâche, tant par les agents des douanes que par les gardes nationaux de cette commune. C'est dans cette occurrence que, dans la nuit du 30 au 31 décembre 1794, le lougre jersiais *Le Phénix* trouva moyen de déposer, vers la pointe de Saint-Briac, huit ou neuf émigrés, parmi lesquels Prigent, Noël et Briand, M. le comte de la Marche, M. de Névet et le vicomte du Pontbellanger (1). Aussitôt débarqués, les nouveaux arrivés, qui n'étaient pas au courant des événements que nous connaissons, se dirigèrent vers la maison du Macheret. Pour la première fois, ils y trouvèrent porte close. Vainement, s'adressèrent-ils à des personnes qu'ils croyaient sûres et qui habitaient un village voisin : les infortunes de la veuve Briand et de sa fille avaient refroidi le zèle des meilleurs. On invita sèchement les visiteurs nocturnes à passer outre. Déconcertés, se doutant qu'il avait dû survenir de fâcheux événements, les émigrés tinrent conseil : pourquoi décidèrent-ils de retourner au rivage ? Nous n'en savons rien. Toujours est-il qu'ils ne pouvaient prendre une résolution plus funeste. A peine avaient-ils regagné la côte qu'ils s'y virent découverts et arrêtés par une patrouille.

Nous aurions aimé faire un récit détaillé des circonstances qui accompagnèrent leur capture, mais nous n'avons retrouvé

(1) Ces trois personnages figurèrent au mois de septembre 1795 dans l'armée rouge commandée par le chevalier de Tinténiac : M. de Pontbellanger, époux honoraire de Mlle du Grégo, la maîtresse et l'espionne de Hoche, prit le commandement de cette troupe à la mort de Tinténiac. Sur le rôle que leur voulait faire jouer Puisaye, cf. G. de Clohars-Carnoët : *Le chevalier de Tinténiac*, in Revue de Bretagne, t. 46 p. 138, année 1911.

jusqu'ici aucune relation détaillée de cet événement et nous sommes réduit à nous contenter du procès-verbal bien sec et bien laconique, qui se trouve consigné dans le registre des délibérations de la municipalité de Saint-Briac, à la date du 11 nivôse an IV (31 décembre 1794). En voici la teneur :

« La patrouille composée des gardes nationales et volontaires et [de] quelques [uns] des préposés aux douanes réunis, nous a rapporté :

1° qu'ils ont pris trois émigrés qui avaient débarqué sur notre côte, dans lesquels il se trouve les nommés ci-après : *Prigent*, cy-devant marchand du Port-Malo, à qui on a trouvé un portefeuille et un paquet d'assignats de 250 livres, formant environ 91.000 livres ; *Michel Briand*, marin de notre commune, lesquels ont été conduits chez la citoyenne veuve Pépin [où logent] les lieutenants de la force armée cantonnée à Port-Briac.

2° qu'ils ont trouvé *sur le rivage de la mer* 3 fusils, 2 espingoles, 5 pistolets, un sabre et un poignard, qui ont été portés chez les lieutenants de la force armée ;

3° que ladite patrouille a déclaré qu'elle avoit eu connaissance de quelques *autres émigrés* et que même elle avait fait *quelques décharges de fusils* dessus, mais qu'ils avoient fuy avec tant de vitesse qu'on ne sait ce qu'ils sont devenus, ne sachant s'ils avoient embarqué ou s'ils s'étoient évadés sur le territoire. En conséquence, de concert avec lesdits lieutenants, nous avons mis tout le monde sur pied, volontaires et bourgeois, à la poursuite de ces émigrés et fait des recherches par tout les trous et rochers de la côte, où on a trouvé un qui se dit être italien [nommé Vincent Louina], marié à Jersey il y a 14 ans, et faisant partie de l'équipage d'un cutter de 6 canons et 15 hommes d'équipage, dans lequel ils avoient passé en France et ont trouvé de plus, sur le rivage de la mer, un autre paquet d'assignats de 250 livres formant une somme de 108.000 livres ;

4° les lieutenants s'étant saisis du portefeuille ci-dessus mentionné, trouvé au nommé *Prigent*, nous l'ont communiqué ainsy qu'aux citoyens Bouchard et Le Goux, et, de concert ensemble, avons examiné ledit portefeuille. Y avons trouvé plusieurs lettres et écrits, dans lesquels il se trouve les noms de *Marie Even*, *Marie Chaignon* et *Anne Foucaud*, toutes trois filles de notre commune, dont nous avons décidé de les arrêter sur-le-champ et y faire visite chez elles, excepté *Marie Chaignon*, qui fait défaut, étant absente de chez elle depuis un mois.

« Avons en outre décidé, sur d'autres renseignements qui se

trouvaient dans ledit portefeuille, qu'il était nécessaire de faire de suite une visite exacte avec la force armée de Sainte-Brigitte (en Le Guildo) ; ce qui se fit le jour suivant (jeudi 1er janvier 1795)... et empêcha de conduire les prisonniers à Port-Malo.

5° Lesdits prévenus nous ont déclaré qu'il avait débarqué avec eux cinq autres émigrés armés, à qui appartenaient les assignats et armes.

6° Le 13 nivôse (2 janvier), on a conduit à Port-Malo les quatre émigrés ci-dessus désignés. Les citoyens Porcher et Savarin, lieutenant et sous-lieutenant au bataillon de l'Ain, cantonné à Saint-Briac, commandaient leur escorte. Gefflot, agent national de cette commune, les accompagnait. Il était porteur d'une lettre adressée aux administrateurs du district de Saint-Malo, où nous relevons ces quelques lignes :

« Vous voudrez bien, de concert avec le général Rey, examiner le portefeuille de Prigent et nous dire si nous devons vous envoyer les deux filles *Marie Even* et *Anne Foucaud*, ou sinon les remettre en liberté.

« Les quatre prisonniers ci-dessus dénommés viennent de nous déclarer qu'aussitôt ayant été mis à terre, ils ont été à Macheret pour trouver la mère de *François Briand* et que, ne l'ayant pas trouvée, ils avaient été frapper à la porte des maisons du village voisin de la Ville-Boté mais qu'on n'avait pas voulu leur ouvrir, « leur disant de se retirer, qu'on ne les connaissait pas ».

Signé : Joseph Joulain, maire de St-Briac : N. Chevalier, officier municipal ; Joseph Gefflot, agent national ; P. Labé, officier municipal ; Le Meuf, officier municipal ; Darel, secrétaire.

Rien ne pouvait charmer davantage les membres du Directoire de Saint-Malo que la prise de Prigent, le factotum de Puisaye et du duc de Bouillon.

Une fois en possession de leur précieuse capture et après avoir apaisé tant bien que mal un conflit de juridiction avec l'autorité militaire qui insistait pour qu'on lui remit en mains les prisonniers, les administrateurs malouins s'occupèrent de l'interrogatoire de ces derniers. Celui de Prigent les arrêta spécialement. Cet individu, qui ne possédait rien de ce qui fait l'héroïsme des martyrs, ne songea, dans la circonstance, qu'à sauver sa tête en multipliant ses révélations. Il eut cependant l'habileté de les doser avec art, pour en faire apprécier la valeur et prétendit ne vouloir confier ses « grands secrets » qu'au représentant Boursault, ex-comédien des théâtres de la capitale, qui se trouvait chargé de pacifier les provinces de l'Ouest. La prétention de Prigent détermina les autorités du district à expédier à celui-ci, dès le 2 janvier, par exprès, une missive qui s'achevait par ces mots : « Nous t'attendons avec l'empressement que le salut de la patrie inspire à de vrais républicains. »

Le lendemain, 3 janvier, les autorités du district se réunirent et prirent une délibération que nous reproduisons dans son intégrité, car elle nous indique bien toute l'importance que l'on attachait à la capture de Prigent, « le courrier des princes ». (L'original de cette pièce figure aux *Archives de Saint-Malo*, série L. L.)

Séance du 14 nivôse, an III de la République française (3 janvier 1795), tenue par le Directoire de Saint-Malo, où se sont trouvés présents les citoyens Thomas (des Essarts), président ; Bossard fils ; Leroy (de Pleurtuit) ; Jules Marie ; Bourdet ; Houitte (de la Chesnais), Renoult, agent nationnal.

« A l'ouverture de la séance, l'Administration a pris connaissance des interrogatoires et déclarations reçues de Prigent, la nuit dernière, et qui vont être continuées ce jour, d'après quoi elle a arrêté sur les déclarations de l'agent national :

« Nous savons combien il est difficile, même avec des forces de terre, d'empêcher, la nuit, des bateaux de mettre à terre ; mais on ne peut se dissimuler que si nos forces de mer mettaient de l'activité dans le service de nuit, on parviendrait tôt ou tard, à intercepter leurs bateaux. Le jour, ils se rendent sur les îles de Chausey et des Minquiers, et le soir ils viennent sur nos côtes. Ces îles devraient être toujours gardées, et des bateaux armés devraient croiser continuellement pendant la nuit, lorsque le temps le permet.

« Il faudrait, en outre, au moins une ou deux compagnies dans les communes de la côte et celles suspectes de l'intérieur, qui feraient des patrouilles continuelles la nuit ; mais nous sommes sans force.

« Vous savez qu'il existe déjà des rassemblements dans les environs de Lamballe ; soyez sûrs que ces scélérats communiquent avec la Vendée, les émigrés et l'Angleterre.

« Au nom de la Patrie, prenez notre pays en considération ! Vous connaissez le débarquement d'armes, poudres, boulets, espèces, faux assignats, etc. Dans cet état de crise, il faudrait ici continuellement un représentant qui peut seul donner le nerf et l'ensemble à toutes les forces.

« Signé : Bourdet ; Thomas, président ; Jules Marie ; Renoult, agent national. »

Une nouvelle lettre, qu'ils expédièrent le 13 nivôse (3 janvier 1795) au Comité de salut public, à la suite de la délibération que nous venons de lire, est plus explicite que la précédente. Nous en donnerons quelques extraits :

« Nous nous référons à notre lettre du 11 de ce mois. Les émigrés saisis à Port-Briac sont au nombre de quatre, dont un est le fameux Prigent, de cette ville, émigré il y a près de deux ans, et qui, depuis ce temps, servait de guide et d'agent à Pitt et aux émigrés.

« ...Ce Prigent faisait de fréquents voyages dans nos environs. Il communiquait avec la Vendée et les Chouans, et, depuis longtemps, nous redoublions nos efforts pour le saisir, regardant cette capture comme très importante au salut de la Patrie. Vous verrez par ses *lettres imprimées* dans le rapport *du représentant du peuple Le Carpentier*, quel rôle il jouait ; il va nous faire de grands aveux, mais il ne veut confier les grands secrets qu'au représentant du peuple Boursault, auquel, en conséquence, nous envoyons un exprès. Déjà il nous a avoué, d'après les conférences fréquentes qu'il a eues avec Pitt et Dundas, que les Anglais n'attendaient que les premiers beaux temps pour faire une descente à Cherbourg, Cancale ou Noirmoutier. C'est ici le moment de vous répéter la nécessité d'envoyer ici un représentant exprès pour réunir les fils épars de cette trame qui embrasse un pays immense et qu'il faut suivre ; le salut de la Patrie l'exige impérieusement.

« Salut et fraternité.

BOSSARD fils ; RENOULT, agent national ; JULES MARIE. »

Le représentant Boursault lui-même, sitôt qu'il eut reçu la pressante invitation des administrateurs malouins de se rendre dans leurs murs, ne manqua point d'aviser les membres du Comité de salut public de la capture de Prigent. Il eut bien soin, du reste, de s'en attribuer une bonne partie du mérite. Qu'on lise plutôt :

... « Par suite de *ma surveillance* sur la côte de Port-Malo, la nuit du 10 au 11, un *cutter* anglais armé de 8 canons est venu pour débarquer à Port-Briac. Surpris par la force armée, il a été obligé de laisser sur ce rivage le fameux *Prigent*, émigré de Port-Malo... Comme ce Prigent ne veut parler qu'à moi et qu'il a des aveux de la plus haute importance à me faire, je vais me rendre à Port-Malo, où, passant par Rennes, j'irai jour et nuit.

... « Je vous écris la nuit, sans feu, dans mon lit ; je doute que vous puissiez me lire...

« Signé : BOURSAULT. »

Quelles étaient donc ces révélations capitales que Prigent faisait sonner si haut afin d'obtenir grâce de la vie ? Les voici reproduites d'après le tome IV des *Guerre des Vendéens et des Chouans contre la République française*, édité à Paris en 1825, p. 279-283. Nous avertissons nos lecteurs que ce n'est certainement pas là le texte primitif de la minute. Nous l'avons pu vérifier d'après certaines parties du texte authentique de ses réponses, conservé aux *Archives historiques de la guerre*, armée des côtes de Brest et de Cherbourg réunies, carton de janvier 1795, dont on a bien voulu nous adresser une copie, malheureusement très incomplète. Dans ces pages, Prigent découvre sur le passé des faits assez précis. Il y raconte ses allées et venues au moment du passage de la Loire par les Vendéens et de leur venue à Dol et à Granville. Il y explique enfin l'expédition préparée en Grande-Bretagne sur ses renseignements, afin de secourir les Vendéens et les royalistes bretons. Qu'on lise plutôt *la lettre* que les administrateurs du district de Saint-Malo adressèrent au Comité de salut public le 5 janvier 1795 :

« Voici la suite des déclarations de Prigent : Les lieux de débarquement près Saint-Malo étaient le Rocher-Plat et la Ville-Carrée (en Saint-Briac). On a dû débarquer environ 32 barils de poudre dans les environs de Saint-Briac, ainsi que des fusils dont il ne connaît pas le nombre.

... « Prigent a été envoyé en Angleterre au mois d'août dernier par lord Balcarra, commandant de Jersey, pour porter au ministre Pitt des dépêches concernant les royalistes de France, et il est revenu de Londres vers le commencement de décembre. Il a eu diverses conférences avec Pitt. Celui-ci s'informa s'il y avait en France de la poudre et des munitions de guerre en abondance et des vivres. Il lui répondit qu'il y avait très peu de poudre, de plomb et de fer, et que la disette se faisait sentir en divers endroits, ce qui parut le satisfaire. Pitt lui demanda encore si les Chouans avaient des canons. Prigent répondit que cette arme ne pouvait convenir à moins que ce soit de petites pièces. Alors Pitt dit qu'il allait leur en faire passer, ce qui ne s'est pas fait.

« Il voulut savoir aussi à combien de combattants pouvait se monter l'armée de la Vendée : Prigent répondit qu'en groupant tous les royalistes de la République, elle pouvait monter à 80.000 hommes. « Il faut donc qu'un nombre considérable d'entre eux ait été tué pour qu'il en reste si peu après la défaite de Savenay ! », fit observer Pitt en entendant ce chiffre.

« Interrogé si, lors des préparatifs d'embarquement qui se firent à Saint-Malo l'été dernier et l'établissement d'un camp (à Paramé), les habitants de Jersey et de Guernesey ne cru...

gnirent pas une descente chez eux, Prigent répondit que ces préparatifs de l'arrivée des troupes alarmèrent les habitants ; qu'alors une certaine quantité d'émigrés passèrent à la grande terre. Que, dans ce temps, un convoi de navires français, escorté de quelques frégates, ayant passé à la hauteur des îles de Jersey, la consternation y devint générale et le canon d'alarme fut tiré tout autour de l'île. Alors, Prigent fut envoyé en France pour s'informer dans le pays de Port-Malo en quoi consistait les forces qui s'y rassemblaient. Il débarqua très près de Cancale et s'approcha du camp et du parc d'artillerie: puis, ayant pris ses informations, la nuit suivante il s'embarqua dans le petit canot du bâtiment qui l'avait amené de Jersey et, d'après son rapport, l'alarme fut telle qu'il eut été facile de s'emparer de ces îles, mais, depuis, elles ont été fortifiées.

« Prigent a fait plusieurs voyages en France. Les papiers publics d'Angleterre annonçant que les royalistes se disposaient à passer la Loire, il fut chargé de venir s'en assurer. Il partit au mois de septembre ou d'octobre 1793 et débarqua à Cancale dans l'anse du Verger, et gagna la forêt de Rennes. Gavard, son compagnon de voyage, qui était allé aux informations, lui rapporta qu'en effet le passage était effectué. Plusieurs émigrés allèrent se joindre aux Vendéens et les engagèrent, de la part du gouvernement britannique, à s'approcher des côtes.

« Prigent repassa à Jersey et se rendit en Angleterre. Il annonça à Pitt que l'armée de la Vendée avait passé la Loire, s'était emparée de plusieurs villes et s'approchait de la côte ; que cette armée était très nombreuse et qu'il y avait en Bretagne beaucoup de mécontents et peu de troupes. Aussitôt les ministres se réunissent chez Pitt ; il est décidé que les circonstances étaient favorables pour faire une descente ; les ordres sont donnés à Plymouth pour l'armement d'une flotte ; on embarque des vivres, des munitions de guerre et des troupes ; l'amiral Macbried est nommé chef d'escadre, et lord Moyra, commandant des troupes de débarquement. Pitt témoigna à Prigent combien il craignait que l'armée royaliste ne se fût trop pressée d'approcher des côtes, avant que la flotte fût en état de faire la descente, malgré les ordres exprès qu'il donnait de hâter les armements et embarquements.

« Environ quinze jours après, Pitt le chargea de repasser en France pour aller trouver l'armée royaliste. Il passe à Portsmouth où il voit l'armement ; il se rend à Jersey et de là en France, et parvient dans la forêt du Pertre. Il remet ses dépêches à un officier qui lui promet de les porter aux généraux de la Vendée (1). Il repasse à Jersey, où il annonce au commandant de l'île que l'armée royaliste, repoussée à Granville, s'était divisée ; qu'une partie avait l'air de fuir devant l'armée de la République, tandis qu'une colonne royaliste devait se replier sur Caen, ensuite sur Cherbourg, pour y protéger le débarquement des Anglais.

« Tout se dispose à Jersey pour une descente ; on envoie sur la côte de Normandie des émissaires et des navires de diverses grandeurs pour observer la côte ; on rapporte que l'on a eu connaissance de l'armée royaliste et que l'on a entendu tirer le canon du côté de Saint-Malo. On envoie deux bateaux vers ce port ; le rapport est que l'on n'a vu personne. On vit alors que l'expédition était absolument manquée ; cette nouvelle affligea l'Angleterre.

« Après les affaires de Granville et de Savenay, les émigrés français, embarqués sur les transports, restèrent quelque temps sur ces bâtiments, tout prêts pour une nouvelle expédition ; les troupes furent débarquées pour prévenir les effets d'une maladie dont beauooup de soldats périrent. On forma ensuite un camp d'environ huit mille hommes, sans y comprendre les émigrés. Ce camp exista jusqu'à l'envoi d'une partie de ces troupes au secours du duc d'York. Lord Moyra reçut aussi l'ordre d'aller s'y joindre.

« A cette époque, Jersey et Guernesey restaient à découvert, n'ayant plus que la milice, des recrues et des invalides ; deux navires chargés de troupes périrent, événement qui fut caché. Alors les émigrés, au nombre de cinq à six cents, dont on comptait faire des officiers en France, commandés par d'Hervilly, recevaient 36 livres par mois. Les gens du tiers-état constituaient des compagnies à part sous les ordres du marquis du Dresnay et autres nobles ; les domestiques formaient des compagnies séparées. Les émigrés s'exerçaient au maniement des armes ; la formation des compagnies causa beaucoup de division entre eux. Tous voulaient commander, aucun être soldat ; à la fin, ils arrêtèrent que tous porteraient l'épaulette rouge, même les bourgeois, sauf les compagnies de domestiques, cette distinction amena du trouble au point qu'on fut obligé d'en emprisonner plusieurs. Pendant qu'ils s'amusaient à ces bagatelles, du Dresnay ayant été desservi auprès des princes français, la désorganisation totale des compagnies suivit de près. Chaque émigré se trouvant réduit à la plus affreuse misère et regrettant son pays, ne s'occupa plus que des moyens d'y rentrer et beaucoup passèrent en France, les uns

(1) Ces dépêches furent remises à M. de Puisaye.

pour s'y cacher et les autres pour se joindre à Charette. D'autres même finirent par servir dans l'armée anglaise, en raison du besoin où ils se trouvaient.

Le gouvernement anglais ayant des nouvelles de l'armée de Charette et des Chouans et ayant eu connaissance, par Puisaye et Prigent, de l'état où elles se trouvaient, a formé le projet de composer divers corps, dont il pourra disposer, pour seconder, par une descente en France, les efforts des royalistes sur l'île de Noirmoutier. »

Le représentant Boursault jugea cependant que le sieur Prigent faisait sonner trop haut ses révélations : « L'interrogatoire de Prigent, écrivait-il le 16 janvier au Comité de salut public, ne contient rien de bien intéressant. Voici la lettre qu'il vient de m'adresser le 16 janvier :

« Choix digne d'un peuple libre et à jamais victorieux, Boursault, c'est à toi qu'était réservée la gloire de rétablir la paix et la tranquillité entre des frères.

« Robespierre, cet ennemi du genre humain, n'existe plus. Je ne crois pas devoir te cacher combien la nouvelle de sa mort, loin de remplir le but que les ennemis de la Patrie se proposaient et s'étaient proposé, les plongea dans la consternation. Dès l'instant qu'il périt, ils perdirent aussi presque tout l'espoir qu'ils avaient conçu d'une contre-révolution prochaine et à laquelle ils s'attendaient sous le règne de ce monstre. Les rebelles eux-mêmes, dont j'ai ait partie, triomphaient, se faisaient des prosélytes à l'infini. Sa mort a détruit toutes leurs espérances.

« Je remets sous tes yeux, citoyen représentant, la note des endroits où, à ma connaissance, on a débarqué, et de divers autres où l'on pourrait débarquer de nuit avec de moyens bateaux :

« 1° *Côte de Cancale à Saint-Malo :* a) près la pointe de Cancale est une anse appelée le Haut-Bout, où l'on a débarqué souvent ; b) les anses du Verger, de Guesclin, du Mengé, du Grand-Chevret, du Petit-Chevret ; c) à l'entrée du havre de Rothéneuf et près le Fort Royal.

« 2° *Côte de Dinan au cap Fréhel :* la baie de Saint-Enogate (sic) celle de Saint-Lunaire, la grève de la Garde-Guérin, Saint-Jacut, l'anse de Sainte-Brigitte, celle de la pointe de la Garde, près la pointe de Saint-Cast. On a débarqué, il y a environ dix-huit mois, au delà de Saint-Brieuc.

« *La garnison de Jersey* se compose de 4.000 hommes de milice et environ 2.000 hommes de troupes de ligne. Une petite flottille de quatre canonnières, quatre lougres et un bâtiment de transport, est aux ordres du *prince de Bouillon*, surnommé Godefroy (1).

« On a fait, l'année dernière, deux forts en terre à Jersey ; on y trouve encore des redoutes de distance en distance et deux autres forts, l'un nommé le fort *Elisabeth* et l'autre le *Vieux Château*, ou château de Montorgueil. C'est dans cet endroit que se font les préparatifs de départ pour les bâtiments qu'on envoie sur les côtes de France verser des émigrés, des prêtres, des armes et des munitions.

« Je m'empresse, citoyen représentant, de te remettre cette déclaration dont ta sagesse et ta prudence pourront tirer parti.

« Compte que tout ce que je saurai et que tu désireras connaître, je me ferai un devoir de t'en instruire, n'ayant rien de plus à cœur que de servir cette République qui veut bien me recevoir dans son sein.

« C'est à toi que je m'adresse, à toi qui tiens dans tes mains le sort de ma destinée, de celle d'une épouse et d'un enfant dont l'époux et le père a été égaré.

« Ton prisonnier,

« Signé : PRIGENT. »

Cependant, quelques notes manuscrites saisies sur Prigent lors de sa capture avaient inutilement exercé la sagacité des autorités républicaines. Mais leur possesseur ne se fit nullement prier pour les expliquer. Elles concernaient surtout les débarquements dans l'anse de Sainte-Brigitte, autrement dite de Quatre-Vaux, sise aujourd'hui dans la commune du Guildo. Une fois à terre, avant de s'enfoncer dans l'intérieur, d'après les indications d'un de ses affidés, nommé Etienne Le Masson, on devait contourner à la faveur des haies, non seulement des maisons, mais encore la chapelle de Sainte-Brigitte.

Prigent, sans souci de les compromettre, désigna froidement les meilleurs de ses courriers. « C'était selon lui, Louis, de St-Brieuc ; Laurent, originaire de la Normandie ; Guguen et Le Masson. Quitte à les faire capturer, il ajouta aussi que le premier d'entre eux se rendait chez lui tous les quinze jours, sur un bateau de Jersey. Il précisa même qu'au décours de la lune il devait venir des bateaux sur la côte, depuis Saint-Lunaire jusqu'au cap Fréhel, dans les anses de Sainte-Brigitte, Saint-Jacut, Port-Briac et près de Port-Brieuc et du côté de Paimpol.

(1) Ce personnage de naissance obscure, avait été simplement adopté par le dernier duc de Bouillon Cf sur lui Cⁱᵉ de Contade : *Emigrés et chouans*. in-12. Paris 1895. p 63 et 64. On y trouvera les références nécessaires. Trévedy prétend quelque part qu'il appartenait à une branche cadette de la maison de Bouillon.

Ces bateaux apporteraient des dépêches, des munitions de guerre et des émigrés. » Aucune infamie ne coûtait à cet homme pour sauver sa tête.

En veine de révélations, Prigent dénonça même qu'un nommé Pierre Launay, de Rennes, vivant de ses revenus, était débarqué en sa compagnie ; que les trois frères Matelin, résidant à une demi-lieue de Dinan, sur la route de Bécherel, lui servaient de guide et l'amenaient jusqu'à Clayes ; Il n'oublia pas non plus qu'à Saint-Coulomb, Coûté et Fauchon fils passaient pour les hommes de confiance de la correspondance des royalistes.

Prigent en débita tant et tant que l'armistice qui survint à la suite des conférences de la Mabilais lui sauva la tête et le rendit à la liberté. Le 20 avril 1795, Vasselet, Boisbaudron, Sillay et Prigent reçurent mission de partir pour l'Angleterre, porteurs du traité de pacification qui fut alors signé et dans lequel ils étaient compris. Aussi put-il reprendre son pénible et dangereux métier, sans que ses commettants se doutassent de ses trahisons et du nombre de personnes qu'il avait lâchement compromises. Capturé une seconde fois en juin 1808 sur le territoire de Clayes, le sieur Prigent périt fusillé à Rennes le 11 décembre suivant, après avoir vainement tenté cette fois encore de sauver sa tête par des révélations aussi lâches que compromettantes pour des tiers (Cf. R. Durand : *Le Département des Côtes-du-Nord sous le Consulat et l'Empire*, 2 in-8, Paris, 1926, I, p. 172).

Cependant les administrations républicaines ne pouvaient demeurer inactives devant les révélations de Prigent : le 3 janvier 1795, les membres du Directoire du district de Saint-Malo, après avoir annoncé triomphalement à leurs collègues de Dinan la capture de l'agent des Princes et la saisie de faux assignats pour 200.000 livres, ajoutaient ces indications intéressantes qu'ils tenaient de leur prisonnier.

« Les guides ordinaires pour être conduit aux chefs des Chouans du Comité central sont les frères Matelin ou Maquelin, sur la route de Dinan à Bécherel, à une demi-lieüe de Dinan. Ils l'ont conduit une fois à environ huit lieues du côté de Rennes, au-dessus de Clayes dans une petite maison où il y avait une vieille femme et où il parla à Puisaye (1).

(1) Voici les noms des correspondants de Prigent en 1802, d'après une lettre au préfet des C.-du-N. du 25 ventôse an X (16 mai 1802). « Le nommé Prigent, natif de la commune de Port-Malo, agent en chef du gouvernement anglais, tient sa correspondance dans les maisons ci-dessous mentionnées : chez les dames Gouyon à la Baluc (commune

« Sur le déclin de cette lune, *Le Masson* (de Saint-Pôtan), son associé, autre agent de l'Angleterre et des émigrés, connu sous le nom d'*Etienne*, doit faire un versement de dépêches, munitions et hommes, sur la côte, depuis Lunaire jusqu'au Cap, dans les anses de Lunaire, Port-Briac, Sainte-Brigitte, Saint-Jacut, Saint-Cast, ou auprès de Saint-Brieuc, du côté de Paimpol.

« Il indique aussi comme complices à Lancieux, *Jean Lhôtellier, Julienne Hervy*. Nous vous rendrons compte des suites. Nous avons prévenu de tout le général Rey.

« Redoublons, frères et amis, de vigilance et d'activité. Nous considérons cette capture comme importante au salut de la Patrie. Nous vous invitons à communiquer la présente à votre Comité. »

Au reçu de cette missive, le zèle des administrateurs dinannais s'excita et, dès le 4 janvier, ils prenaient la délibération suivante :

« Il a été donné lecture d'une lettre en date du 14 de ce mois, écrite par les administrateurs du district de Port-Malo à ceux de Dinan, qui les prévient que l'arrestation d'un nommé Pregent (*sic*), agent et complice des conspirateurs à Jerzey (*sic*), a procuré des renseignement précieux sur le projet, longtemps médité par ces scélérats, d'opérer une descente sur nos côtes. L'administration, prenant cette lettre en grande considération et péniblement affectée de l'impossibilité absolue où elle se trouve d'opposer sur les côtes une force imposante aux émigrés ; considérant cependant qu'un moyen extrêmement utile de servir la Patrie et de déjouer les complots pervers de ses ennemis est de s'assurer de leurs démarches en suivant tous leurs pas, épiant tous leurs projets, en assistant, s'il est possible, à leurs conseils, en excitant, d'un autre côté, contre eux, les habitants des côtes et des campagnes voisines, en leur rappelant leurs vrais intérêts et en animant dans le cœur des patriotes la haine qu'ils portent à ces monstres ; arrête :

« L'administration nomme les citoyens *Gruel* et *Bourée*, de Dinan, *Hannelais* et *Lucas*, de Plancoët, pour se rendre sur les points de la côte où doit s'opérer le débarquement des émigrés de Jerzey (*sic*) ; ils surveilleront de jour et de

de Saint-Servan) ; chez Mᵐᵉ Bouan au bourg de Saint-Pôtan ; chez Mᵐᵉ de Gouyon au Vaumeloizel, idem ; chez le citoyen la Lande-Galain, à Château-Goëlo, commune de Saint-Donan ; chez Mᵐᵉ de Robien, à la Boulaïe, au bourg de B..... »

Signé : LESCOËT.

nuit avec une activité opiniâtre, *ils se déguiseront de toutes les manières*, ils employeront tous les moyens que leur dictera l'amour de la liberté, afin de s'assurer et de découvrir les complots de ses ennemis ; ils feront tous leurs efforts pour connaître les agents des conspirateurs. Enfin, ils rechercheront tous les patriotes sur les lieux où ils passeront, ils se concerteront avec eux, ils les exciteront à servir la cause sacrée du peuple (1).

« Ils sont autorisés à requérir les municipalités et les gardes nationales des communes où ils se rendront de leur prêter secours et assistance, soit pour attaquer, soit pour se défendre, mais ils useront de ce moyen avec une extrême prudence.

« Ils recevront une indemnité de dix livres par jour (laquelle fut, peu après, portée à quinze livres), et ils sont autorisés à faire toute les avances nécessaires pour se faire seconder par des patriotes des campagnes, si les circonstances l'exigent.

« Ils entretiendront avec l'administration la correspondance la plus active, en rendant compte, jour par jour, de leurs découvertes et de la situation des esprits.

« Signé : B. DELAUNAY ∴ ; VAUGRENA fils ∴ ; VAUQUELIN ∴ ; GOLIAS ; MARHEU ; Ch. BESLAY. »

Cependant les efforts des autorités pour se saisir des complices de Prigent ne réussirent qu'imparfaitement et, le 10 janvier 1795, elles rendaient compte à leurs collègues de Saint-Malo « qu'ils expédièrent de suite un commissaire pour se rendre avec la force armée dans la commune de Lancieux, à l'effet d'y perquérir et arrêter Jean Lhôtelier et Julienne Hervy, désignés par leur lettre comme agents des conspirateurs.

« Suivant le rapport à nous fait par le commissaire à son retour, on ne connait point de *Jean Lhôtelier* dans la commune de Lancieux ni dans les communes environnantes ; et quant à Julienne Hervy, elle a disparu depuis 4 à 5 décades (40 à 50 jours).

« Nous vous invitons, en conséquence, à tâcher de vous procurer, de la part de Prigent et ses associés, des renseignements plus positifs sur le compte dudit Jean Lhôtelier : par exemple quel est son âge, sa taille, sa figure à peu près, sa

(1) Déjà, au mois de septembre 1794, la municipalité de Ploubalay-Lancieux avait reçu ordre de faire surveiller activement les côtes de Lancieux, mais cette recommandation était demeurée lettre morte.

profession, le nom de la métairie ou du village où il demeurait, et de nous les transmettre, ainsi que les autres instructions que vous avez pu acquérir ultérieurement, si vous pensez que nous puissions contribuer et coopérer utilement en cette partie à découvrir les conspirateurs, leurs complices, et à déjouer leurs manœuvres.

> « Signé : BAMEULLE-CHABOSSAIS, président ; Charles BESLAY, agent national ; FRÉLAUT ; HAROUARD, l'aîné ; BIAYS ; HUET ; OGÉ ; POSTEL, père.

Les municipaux de Saint-Briac n'avaient pas été plus heureux de leur côté pour s'assurer de la personne de *Marie Chaignon*, la toute dévouée servante de M. Posnic, le recteur de Lancieux. Celle-ci avait eu le bon esprit de s'absenter de chez elle depuis près d'un mois, sans doute afin de coopérer avec son amie Julienne Hervy, épouse d'André Mabille, à quelque mission de confiance, car l'une et l'autre étaient toutes dévouées à la cause royaliste. Seules, Marie Even et Anne Foucaud, cette dernière institutrice à Saint-Briac, furent mises sous les verrous, grâce aux papiers saisis sur le sieur Prigent.

Les mesures prises pour intensifier la surveillance de la côte de Lancieux-Saint-Briac ne semblent pas avoir donné de meilleurs résultats. Les trois commissaires qui s'y morfondaient, Gruel, Hannelais et Lucas rendaient compte, le 20 janvier, « que la dureté des temps semblait refroidir le zèle des gardes nationales, qui n'aspirent qu'au moment où elles ne seront plus forcées de monter la garde », et que « le froid éteint de jour en jour le patriotisme de celles qui font le service de nuit ». Heureusement que ces patriotes pouvaient se reposer sur l'équipage de la canonnière *La Blanche*, stationnée entre Port-Briac et Lancieux, dont « les chefs, animés des meilleurs principes, avaient promis de seconder leur surveillance ». Bref, les commissaires, dont le patriotisme avait dû subir autant les atteintes de la température que celui de leurs sous-ordres, finissaient par demander leur rappel et, tels les fonctionnaires de la IIIe République, un supplément de traitement en raison de la vie chère.

Extrait du Bulletin paroissial de Saint-Briac, années 1927-1928.